RELATOS ESTADOUNIDENSES

CUENTAN CON MI VOTO

¿QUÉ SIGNIFICA SER UN CIUDADANO?

DK | Penguin Random House

DK Reino Unido:
Coordinación editorial Oriel Square
Una producción de Collaborate Agency para DK
Índice analítico James Helling

Autoría Jennifer Kaul
Edición de la colección Megan DuVarney Forbes
Dirección de publicaciones Nick Hunter
Dirección de publicaciones Sarah Forbes
Coordinación de proyectos editoriales Katherine Neep
Coordinación de producción Isabell Schart
Iconografía Nunhoih Guite
Producción editorial Shanker Prasad

Publicado originalmente en los Estados Unidos
en 2023 por Dorling Kindersley Limited,
DK, One Embassy Gardens, 8 Viaduct Gardens,
Londres, SW11 7BW
Parte de Penguin Random House

Título original: *How My Vote Counts*
Primera edición 2023
Copyright © 2023 Dorling Kindersley Limited
© Traducción en español 2023 Dorling Kindersley Limited
Servicios editoriales: Flores + Books, Inc.
Traducción: Isabel Mendoza

ISBN: 978-0-7440-8265-4

Impreso en China

Para mentes curiosas
www.dkespañol.com

MIXTO
Papel | Apoyando la
selvicultura responsable
FSC™ C018179

Este libro se ha impreso con papel
certificado por el Forest Stewardship
Council™ como parte del compromiso
de DK por un futuro sostenible.
Para más información, visita
www.dk.com/our-green-pledge

CONTENIDO

¿QUÉ ES UN CIUDADANO?

Piensa cómo es la vida en Estados Unidos. ¿Cuáles son algunas cosas que puedes hacer aquí? ¿Cuáles son algunas normas que debes respetar? Piensa en cómo estas oportunidades y normas influyen en tu vida y hacen que tu país sea un lugar **más seguro y feliz**.

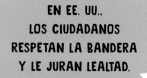

EN EE. UU.,
LOS CIUDADANOS
RESPETAN LA BANDERA
Y LE JURAN LEALTAD.

En el mundo existen muchos países. Las personas de un país son sus ciudadanos.

Un ciudadano es alguien que nació en un país o ha hecho los trámites para convertirlo en su hogar. Un ciudadano tiene derechos y responsabilidades. Estos a menudo dependen de la cultura del país y las creencias de las personas que viven allí.

LA CIUDADANÍA DE EE. UU.

Cuando alguien es ciudadano de EE. UU., significa que este país es su patria.

Por lo general, es donde viven y donde trabajan o van a la escuela. Los ciudadanos de EE. UU. gozan de los derechos que el gobierno acordó hace mucho tiempo. También se espera que cumplan con las leyes de su país.

OTROS TIPOS DE ★ CIUDADANÍA ★

Una persona también es ciudadana del estado y de la ciudad o el pueblo en el que vive. También tiene derechos y responsabilidades que son específicos de estos lugares. Es importante que la gente entienda cuáles son sus derechos y las normas que deben seguir como ciudadanos de estos lugares.

LOS CIUDADANOS TIENEN DERECHO A ESTAR EN DESACUERDO CON EL GOBIERNO.

LA CIUDADANÍA DE EE. UU.

★ ★ ★ ★ ★ ★ ★ ★ ★ ★ ★ ★ ★ ★ ★ ★ ★

Quizá te preguntes cómo te hiciste ciudadano estadounidense o cómo conseguir la ciudadanía si aún no la tienes. A muchos niños nacidos en EE. UU. se les concede la ciudadanía al nacer.

Los niños nacidos fuera de EE. UU. deben hacer unos trámites para hacerse ciudadanos, al igual que los adultos de otros países.

★ NATURALIZACIÓN ★

El proceso de hacerse ciudadano estadounidense se llama **naturalización**. Se puede solicitar la naturalización si:

- has vivido en EE. UU. como residente permanente durante cinco años,

- estás casado con un ciudadano estadounidense,

- eres hijo de un ciudadano estadounidense

- o formas parte de las Fuerzas Armadas.

Para solicitar la ciudadanía, una persona debe:

- rellenar un formulario con información que indique que será un buen ciudadano,

- mostrar documentos que prueben que es quien dice ser,

- presentarse a una entrevista

- y prestar el Juramento de Lealtad a EE. UU.

INMIGRACIÓN

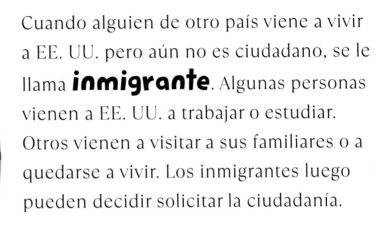

Cuando alguien de otro país viene a vivir a EE. UU. pero aún no es ciudadano, se le llama **inmigrante**. Algunas personas vienen a EE. UU. a trabajar o estudiar. Otros vienen a visitar a sus familiares o a quedarse a vivir. Los inmigrantes luego pueden decidir solicitar la ciudadanía.

UNA MUJER POSA CON SU CERTIFICADO DE CIUDADANÍA DESPUÉS DE UNA CEREMONIA DE NATURALIZACIÓN.

¿QUÉ ES UN DERECHO?

En EE. UU. tienes la libertad de hacer muchas cosas. Puedes ir a la escuela. Puedes leer libros y jugar. Puedes ser amigo de quien quieras. Tu familia puede decidir dónde vivir, qué comer y en qué creer. Todos estos son derechos que te sirven para vivir como quieras y ser feliz.

Un derecho es la libertad o el poder de obtener o hacer lo que desees.

Sin embargo, esto no significa que puedes hacer todo lo que quieras. Tus derechos no deben quitar los derechos de otras personas. Por ejemplo, en la escuela, probablemente no tienes derecho a comer a la hora que quieras. Así se garantiza que todos tengan tiempo para comer y que la escuela sea siempre un lugar limpio y ordenado para aprender.

EN EE. UU., TODOS LOS NIÑOS TIENEN DERECHO A IR A LA ESCUELA, PERO NO EN TODOS LOS PAÍSES ES ASÍ.

★ LOS DERECHOS DE LOS CIUDADANOS DE EE. UU.

Uno de los beneficios de ser ciudadano son los derechos que conlleva. Los derechos que tiene la gente en EE. UU. los definió el gobierno hace tiempo. Muchos de estos derechos han perdurado durante cientos de años, pero algunos han cambiado con el tiempo y continúan cambiando hoy en día.

★LA DEMOCRACIA★ ESTADOUNIDENSE

Estados Unidos es una república democrática En este tipo de gobierno, las leyes son aprobadas por funcionarios de elección popular. Los ciudadanos de EE. UU. tienen el derecho a votar para decidir quiénes serán estos funcionarios. Es decir que el voto de cada estadounidense tiene un gran impacto en la manera como funciona el país.

¿QUÉ ES UNA RESPONSABILIDAD?

★ ★

Además de tener derechos, también hay cosas que te corresponde hacer. Por ejemplo, hacer las tareas escolares y ayudar con los quehaceres del hogar. Debes tratar a tus amigos con amabilidad y respeto. Tu familia tiene que encontrar la manera de pagar las cosas que necesitas, como alimentos, ropa y vivienda. Todas estas son responsabilidades.

UNA RESPONSABILIDAD ES UNA OBLIGACIÓN.

Las responsabilidades existen, en general, para protegerte, proteger a otros o el mundo que te rodea. Aunque sea muy probable que no siempre te guste tener responsabilidades, son cosas que no puedes dejar de hacer si quieres disfrutar plenamente tus derechos.

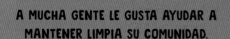

A MUCHA GENTE LE GUSTA AYUDAR A MANTENER LIMPIA SU COMUNIDAD.

LAS RESPONSABILIDADES
DE LOS CIUDADANOS DE EE. UU.

Se espera que los ciudadanos estadounidenses ayuden a hacer de su país un lugar seguro y lleno de oportunidades. **Al igual que los derechos de los ciudadanos estadounidenses, muchas de estas responsabilidades se definieron hace cientos de años.** A los ciudadanos de EE. UU. les corresponde elegir a sus líderes. Se espera que aprendan y trabajen y alcancen su máximo potencial. Deben cumplir las leyes. Todo esto ayuda a que EE. UU. funcione como una democracia.

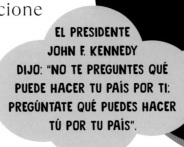

EL PRESIDENTE JOHN F. KENNEDY DIJO: "NO TE PREGUNTES QUÉ PUEDE HACER TU PAÍS POR TI; PREGÚNTATE QUÉ PUEDES HACER TÚ POR TU PAÍS".

¿CÓMO ELIGEN LOS CIUDADANOS A SU GOBIERNO?

★ ★ ★ ★ ★ ★ ★ ★ ★ ★ ★ ★ ★ ★ ★ ★ ★ ★ ★ ★

El 3 de noviembre de 1948, el periódico *Chicago Tribune* anunció que Thomas Dewey sería el próximo presidente de EE. UU. Sin embargo, más tarde se supo que Harry S. Truman había ganado las elecciones. Los resultados habían sido anunciados antes de que se terminaran de contar todos los votos. Ha habido muchas derrotas sorpresivas y muchas contiendas reñidas. Algunos **candidatos** presidenciales han rechazado los resultados de las elecciones y otros han aceptado su derrota con humildad.

Las elecciones garantizan que los ciudadanos tengan voz a la hora de decidir quién lidera el país y cómo se administra. Promueven una transición pacífica del poder entre el presidente saliente y la próxima persona en ocupar el cargo. Los ciudadanos votan por candidatos de diferentes partidos políticos. Los partidos tienen diferentes opiniones y prioridades para el país. Gracias a que existen diferentes partidos políticos, los ciudadanos pueden identificar a los candidatos que mejor representen sus puntos de vista sobre muchos temas.

EL PARTIDO REPUBLICANO

El Partido Republicano también se conoce como el Gran Partido Viejo (GOP por sus siglas en inglés). Es partidiario de un gobierno con menos intervención federal. Prefiere mantener los **impuestos** bajos y dejar que los estados tomen más decisiones.

EL PARTIDO DEMÓCRATA

El Partido Demócrata cree que el gobierno federal debe involucrarse más en la vida de los ciudadanos. Los demócratas creen que es importante crear programas para abordar los principales problemas y financiarlos a través de los impuestos.

¿QUIÉN PUEDE VOTAR?
¿Y CÓMO SE VOTA?

★ ★ ★ ★ ★ ★ ★ ★ ★ ★ ★ ★ ★ ★ ★ ★ ★ ★ ★

¿Alguna vez has acompañado a un pariente a votar? **Votar es un proceso importante en EE. UU.** Existen leyes que explican quién puede votar y cómo se lleva a cabo la votación. Estas leyes ayudan a garantizar que la votación sea justa.

Antes de votar, los ciudadanos deben buscar en línea información acerca de los candidatos. De la misma manera, pueden averiguar la ubicación y los horarios de su centro de votación. Los votantes registrados van a su centro de votación el día de las elecciones y muestran su identificación. Se les entrega una papeleta que enumera a los candidatos. Los votantes toman sus decisiones y luego entregan su papeleta.

ALGUNAS PERSONAS USAN MÁQUINAS DE VOTACIÓN PARA VOTAR POR LOS CANDIDATOS, MIENTRAS QUE OTRAS USAN PAPELETAS.

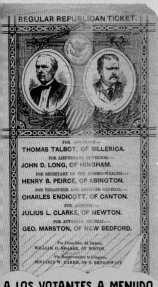

REGULAR REPUBLICAN TICKET.

FOR GOVERNOR:—
THOMAS TALBOT, OF BILLERICA.
FOR LIEUTENANT GOVERNOR:—
JOHN D. LONG, OF HINGHAM.
FOR SECRETARY OF THE COMMONWEALTH:—
HENRY B. PEIRCE, OF ABINGTON.
FOR TREASURER AND RECEIVER GENERAL:—
CHARLES ENDICOTT, OF CANTON.
FOR AUDITOR:—
JULIUS L. CLARKE, OF NEWTON.
FOR ATTORNEY GENERAL:—
GEO. MARSTON, OF NEW BEDFORD.

For Councillor, 2d District,
WILLIAM O. THAYER, OF BOSTON.
For Representative to Congress,
BENJAMIN W. HARRIS, OF E. BRIDGEWATE

A LOS VOTANTES A MENUDO SE LES DA UNA LISTA DE LOS CANDIDATOS PARA QUE MARQUEN SU ELECCIÓN, COMO EN ESTA PAPELETA REPUBLICANA HISTÓRICA.

★ REQUISITOS ★ PARA VOTANTES

Puedes votar en las elecciones de EE. UU. si...

- eres ciudadano de EE. UU.,

- tienes al menos 18 años,

- eres residente del estado en el que votas

- y estás registrado en el estado en el que votas.

VOTO EN ★ AUSENCIA ★

No se puede votar en línea. Sin embargo, existe otra opción para quienes no puedan asistir a su centro de votación el día de las elecciones. Primero se debe solicitar una **papeleta de voto en ausencia**. La papeleta se les envía por correo postal o electrónico. Deben devolverla a un lugar determinado en una fecha determinada para que su voto sea contabilizado. A veces, se requiere la firma de un testigo para probar la identidad de la persona que vota por este método.

LOS CIUDADANOS
DE EE. UU. COLONIAL

★ ★ ★ ★ ★ ★ ★ ★ ★ ★ ★ ★ ★ ★ ★ ★ ★ ★

Hacia finales del siglo XV, exploradores europeos comenzaron a navegar en dirección oeste a través del océano Atlántico. Esperaban encontrar una ruta comercial más rápida a Asia. Sin embargo, en lugar de desembarcar en Asia, terminaron en Norteamérica. La mayoría de los europeos no conocían la existencia de las Américas.

En este continente ya vivían millones de indígenas que formaban parte de cientos de naciones diversas. Aun así, varios países europeos enviaron personas para **colonizar**, o tomar control, de estas tierras. Los indígenas comerciaban con los colonos.

LOS LÍDERES DEL MASSACHUSETTS COLONIAL SE REUNÍAN EN LA *OLD STATE HOUSE* DE BOSTON.

★ CONFLICTOS ★
EN LAS COLONIAS

Los colonos encontraron muchas responsabilidades nuevas en Norteamérica. Por ejemplo, tuvieron que despejar terrenos, construir casas y aprender a cultivar la tierra. También tuvieron que aprender a llevarse bien entre sí y a convivir con los indígenas. Los indígenas no creían que la tierra se pudiera poseer o reclamar. El modo de vida de los colonos era completamente nuevo para ellos. Después de la llegada de los colonos, muchos indígenas murieron a causa del hambre, combates o enfermedades.

CRISTÓBAL COLÓN VIAJÓ A LAS AMÉRICAS EN 1492. AUNQUE NUNCA PUSO UN PIE EN NORTEAMÉRICA, SU VIAJE LLEVÓ A MÁS EXPLORADORES A NAVEGAR EN BUSCA DE ESTA TIERRA.

¿QUÉ FUERON LAS TRECE COLONIAS?

- LOS ASENTAMIENTOS BRITÁNICOS EN ESTA PARTE DE NORTEAMÉRICA SE ORGANIZARON EN TRECE COLONIAS.

- ESTAS COLONIAS ERAN VIRGINIA, MASSACHUSETTS, RHODE ISLAND, CONNECTICUT, NUEVA HAMPSHIRE, NUEVA YORK, NUEVA JERSEY, PENSILVANIA, DELAWARE, MARYLAND, CAROLINA DEL NORTE, CAROLINA DEL SUR Y GEORGIA.

- LA PRIMERA DE ESTAS COLONIAS, VIRGINIA, COMENZÓ COMO JAMESTOWN EN 1607. LA ÚLTIMA, GEORGIA, SE FUNDÓ EN 1733.

- LAS COLONIAS ERAN GOBERNADAS POR EL REY Y EL GOBIERNO BRITÁNICOS. OTROS PAÍSES EUROPEOS, COMO FRANCIA Y ESPAÑA, TAMBIÉN GOBERNABAN COLONIAS EN NORTEAMÉRICA.

LOS DERECHOS
DE LOS PUEBLOS INDÍGENAS

★ ★ ★ ★ ★ ★ ★ ★ ★ ★ ★ ★ ★ ★ ★ ★ ★ ★ ★ ★

En los siglos XVIII y XIX, los pueblos indígenas negociaron muchos tratados con países europeos, colonos y, más tarde, el gobierno de EE. UU. Los líderes de las dos partes acordaron tener relaciones pacíficas, se aliaron contra otras naciones, hicieron pactos comerciales, trazaron límites territoriales y más. Sin embargo, con el tiempo, tanto los gobiernos coloniales como el de EE. UU. rompieron muchos de estos tratados.

Los indígenas perdieron muchos de sus derechos durante la época colonial. Colonos europeos se apropiaron de sus tierras y los alentaron y, a veces, obligaron a cambiar su cultura y religión. Algunos indígenas fueron esclavizados. Otros perdieron la vida como resultado del conflicto con los colonos o porque contrajeron enfermedades europeas.

NACIONES INDÍGENAS

Chinuk · Yakima · Nez percé · Pomo · Shoshone · Cheyene · Arapajo · Paiute · Ute · Chumash · Cuervo · Siux · Pawnee · Apache · Comanche · Inuit · Aleutiano · Tlinguit · Choctaw · Natchez · Abenaki · Massachuset · Iroqués · Miami · Pequot · Lenape · Shawnee · Powhatan · Cheroquí · Chickasaw · Creek · Seminole

LA PROCLAMACIÓN DE 1763

En 1763, Gran Bretaña prometió evitar que los colonos siguieran adentrándose en tierras indígenas.

Aseguraron que cualquier colono ya asentado en estas tierras se iría. Sin embargo, los colonos no cumplieron con esta orden y continuaron apropiándose de tierras indígenas. Recientemente, EE. UU. comenzó a hacer reparaciones para intentar compensar por los errores del pasado. El gobierno ha ofrecido dinero y tierras a pueblos indígenas.

CIUDADANOS ✦ INDÍGENAS ✦

El 2 de junio de 1924, todos los indígenas fueron finalmente reconocidos como ciudadanos estadounidenses. Este derecho lo garantiza la **Ley de Ciudadanía Indígena**, firmada por el presidente Calvin Coolidge. Además de ser ciudadanos de EE. UU., algunos indígenas también son ciudadanos de una nación. En el país hay más de quinientas naciones indígenas.

LAS COLONIAS SE DECLARAN
INDEPENDIENTES

★ ★

Los colonos podían participar en la toma de decisiones de su gobierno local, pero estos derechos tenían límites. Los colonos debían cumplir las leyes de Gran Bretaña. Sentían que estas leyes no eran justas, ya que ellos no participaban en su creación. Los colonos comenzaron a enojarse por su falta de derechos.

EL REY JORGE III DE GRAN BRETAÑA REINÓ SOBRE LAS COLONIAS HASTA QUE OBTUVIERON SU INDEPENDENCIA.

En 1773, más de cien colonos disfrazados de indígenas abordaron un barco. Arrojaron casi 350 cajones de té en el puerto de Boston. Era su manera de protestar contra un impuesto sobre el té. Creían que no deberían pagar impuestos a menos que tuvieran voz en el gobierno britanico.

EL 4 DE JULIO DE 1776, LOS COLONOS DECLARARON SU INDEPENDENCIA. DECIDIERON QUE EE. UU. SERÍA UN PAÍS NUEVO, SEPARADO DE GRAN BRETAÑA.

LA GUERRA DE
★ INDEPENDENCIA ★

Si bien muchos estadounidenses querían la independencia, no todos estaban de acuerdo. Los colonos que lucharon por la independencia fueron llamados patriotas. Aquellos que no querían liberarse del dominio británico fueron llamados leales. Los patriotas libraron una guerra contra los británicos desde 1775 hasta 1783. **Al final, Estados Unidos obtuvo la independencia.**

LA DECLARACIÓN DE INDEPENDENCIA

LOS LÍDERES ESTADOUNIDENSES ACORDARON UNA DECLARACIÓN DE INDEPENDENCIA, QUE MANIFIESTA: "SOSTENEMOS COMO EVIDENTES ESTAS VERDADES: QUE TODOS LOS HOMBRES SON CREADOS IGUALES; QUE SON DOTADOS POR SU CREADOR DE CIERTOS DERECHOS INALIENABLES; QUE ENTRE ESTOS ESTÁN LA VIDA, LA LIBERTAD Y LA BÚSQUEDA DE LA FELICIDAD". EN OTRAS PALABRAS, LOS COLONOS QUERÍAN FORMAR UN PAÍS CON UN GOBIERNO QUE NO PUDIERA QUITARLES SUS DERECHOS INDIVIDUALES.

LA REDACCIÓN DE LA CONSTITUCIÓN

★ ★ ★ ★ ★ ★ ★ ★ ★ ★ ★ ★ ★ ★ ★ ★ ★ ★ ★

La **constitución** de EE. UU. fue firmada por 55 delegados. Estos hombres fueron escogidos para tomar decisiones en representación de la gente de sus estados. Se propusieron crear un gobierno lo suficientemente fuerte para proteger a su gente de otros países. Al mismo tiempo, no querían un gobierno tan poderoso que pudiera limitar los derechos individuales de sus ciudadanos. Los delegados firmaron la Constitución el 17 de septiembre de 1787, convirtiéndola así en ley.

La Constitución se centra en los derechos y responsabilidades de los ciudadanos estadounidenses. Por ejemplo, el presidente debe ser ciudadano de EE. UU. por nacimiento. Todos los poderes que no se otorgan directamente al gobierno federal van a los gobiernos estatales. La Constitución también permite que se hagan cambios a sus leyes e incluye la Carta de Derechos para proteger a las futuras generaciones.

En este momento de la historia, las constituciones escritas y la participación de los ciudadanos en el gobierno eran poco comunes. La mayoría de los países europeos estaban gobernados por reyes y reinas, y sus ciudadanos no podían votar. Por estas razones, la Constitución de EE. UU. era especial.

EL PREÁMBULO DE LA CONSTITUCIÓN

EL PREÁMBULO MUESTRA QUE LA CONSTITUCIÓN SE ESCRIBIÓ PARA EL BIENESTAR DE LOS ESTADOUNIDENSES. DICE: "NOSOTROS, EL PUEBLO DE LOS ESTADOS UNIDOS, A FIN DE FORMAR UNA UNIÓN MÁS PERFECTA, ESTABLECER JUSTICIA, AFIRMAR LA TRANQUILIDAD INTERIOR, PROVEER LA DEFENSA COMÚN, PROMOVER EL BIENESTAR GENERAL Y ASEGURAR PARA NOSOTROS MISMOS Y PARA NUESTROS DESCENDIENTES LOS BENEFICIOS DE LA LIBERTAD, ESTATUIMOS Y SANCIONAMOS ESTA CONSTITUCION PARA LOS ESTADOS UNIDOS DE AMÉRICA."

LA CARTA DE DERECHOS

En 1791 se modificó la Constitución. Se creó un conjunto de diez **enmiendas**, o cambios a la Constitución, las cuales conforman la Carta de Derechos. El propósito de la Carta de Derechos es detallar los derechos básicos de los estadounidenses.

La Carta de Derechos fue escrita por James Madison. Se basó en un documento similar, llamado la Carta Magna, que se escribió en Inglaterra en 1215.

★ LA CARTA DE DERECHOS ★

- Primera Enmienda: protege el derecho a la libertad de expresión y la libertad de religión

- Segunda Enmienda: protege el derecho a tener y usar armas

- Tercera Enmienda: le prohíbe al gobierno exigir a las personas que alberguen a soldados

- Cuarta Enmienda: le prohíbe al gobierno registrar las viviendas sin motivo alguno

- Quinta Enmienda: protege a las personas acusadas de delitos

- Sexta Enmienda: da más protección a las personas acusadas de delitos

- Séptima Enmienda: otorga el derecho a un juicio con jurado

- Octava Enmienda: prohíbe el castigo cruel e inusual

- Novena Enmienda: dice que las personas tienen más derechos de los que se incluyen en la Constitución

- Décima Enmienda: dice que el gobierno federal solo tiene las facultades otorgadas en la Constitución

DERECHOS REVOLUCIONARIOS

El propósito de gran parte de la Carta de Derechos es salvaguardar a los estadounidenses. Se basó en derechos que los colonos sentían que no tenían cuando estaban bajo el dominio británico. Por ejemplo, los colonos se metían en problemas por hacer reuniones. Se vieron obligados a hospedar a los soldados en sus casas. El propósito de la Carta de Derechos era evitar que el gobierno de EE. UU. restringiera los derechos de su pueblo.

¿DERECHOS PARA TODOS?

LA CARTA DE DERECHOS PROTEGÍA A TODOS LOS CIUDADANOS PERO NO INCLUÍA A TODAS LAS PERSONAS QUE VIVÍAN EN EE. UU. EN ESE ENTONCES, LAS MUJERES NO TENÍAN LOS MISMOS DERECHOS QUE LOS CIUDADANOS VARONES. LOS INDÍGENAS Y LOS NEGROS ESCLAVIZADOS NO ERAN CONSIDERADOS CIUDADANOS, POR LO QUE NO ESTABAN PROTEGIDOS POR LA CARTA DE DERECHOS. HOY, LOS DERECHOS DE TODOS LOS ESTADOUNIDENSES ESTÁN PROTEGIDOS.

LA ESCLAVITUD
EN EE. UU.

En 1619, se trajeron por primera vez africanos esclavizados a la colonia de Virginia. Los colonos consideraban la esclavitud una forma de mano de obra barata, dado que no les pagaban a las personas esclavizadas. Durante muchos años, forzaron a personas esclavizadas a trabajar en el Sur en plantaciones de tabaco, arroz y otros productos.

Con el tiempo, se trajeron a las colonias muchas más personas esclavizadas para trabajar en los campos de algodón. En un momento, las personas esclavizadas constituían alrededor del 40 al 60 por ciento de la población en algunas de las colonias sureñas. Entre seis y siete millones de personas fueron traídas a las Américas y esclavizadas durante el siglo XVIII, y millones de niños nacieron en la esclavitud. La mayoría nunca sería libre.

★ EL COMERCIO DE ESCLAVOS ★

El comercio transatlántico de esclavos estaba basado en raptar a personas de sus hogares en África y transportarlas a través del océano en buques sucios y abarrotados. Las personas que llegaban vivas fueron vendidas a colonos. Estas **personas esclavizadas** fueron despojadas de sus derechos y tratadas como si fueran propiedades en lugar de personas.

Los esclavistas, incluidos algunos de los Padres Fundadores de EE. UU., creían que tenían derecho a tratar a las personas esclavizadas como si fueran propiedades.

ABOLICIONISTAS NOTABLES

Algunas personas se opusieron a la esclavitud. Este sentimiento creció después de que los colonos lucharon por liberarse de los británicos. Aquellos que se oponían a la esclavitud creían que estaba mal tratar a las personas con tanta crueldad. También creían que, como dice la Declaración de Independencia, "todos los hombres son creados iguales". Varios grupos comenzaron a luchar por **abolir** la esclavitud, o acabar con ella. Algunos abolicionistas eran blancos, y otros eran afroamericanos que habían escapado de la esclavitud. Estos fueron algunos abolicionistas notables:

- Frederick Douglass: un hombre que se escapó de la esclavitud y publicó un libro acerca de su experiencia.

- Harriet Tubman: una mujer que también se escapó y ayudó a otras personas esclavizadas a escaparse mediante el Tren Clandestino.

LA GUERRA CIVIL

El Norte y el Sur habían discutido sobre la esclavitud desde la fundación de EE. UU. Algunas personas querían prohibir la esclavitud en la Constitución, pero otras no estaban de acuerdo. Al final, acordaron permitir que continuara la esclavitud, pero decidieron dejar de traer más personas esclavizadas a EE. UU. en 1808.

La gente del Sur creía que cada estado debería tomar su propia decisión sobre la esclavitud. Creían que el gobierno federal no debería decidir por ellos. En 1860, Abraham Lincoln fue elegido presidente. Poco después, Alabama, Florida, Georgia, Luisiana, Mississippi, Carolina del Sur y Texas se separaron de EE. UU. Estos estados formaron los Estados Confederados de América. Arkansas, Carolina del Norte, Tennessee y Virginia se les unieron poco después. La razón principal por la que estos estados se separaron del país fue para poder mantener vigente la esclavitud.

LOS ESTADOS CONFEDERADOS DE AMÉRICA

Los Estados Confederados de América asaltaron el fuerte Sumter el 12 de abril de 1861, comenzando así la Guerra Civil. La Guerra Civil duró hasta el 13 de mayo de 1865. Los estados de la Unión ganaron la guerra, y los estados Confederados volvieron a formar parte de EE. UU. Se cree que entre 750,000 y 850,000 soldados perdieron la vida durante la guerra.

El 1 de enero de 1863, el presidente Lincoln emitió la Proclama de Emancipación, que liberó a todas las personas esclavizadas en los Estados Confederados y tenía como objetivo otorgarles los mismos derechos que a otros ciudadanos estadounidenses. Estas personas ya no podrían ser obligadas a trabajar ni considerarse propiedades de otra persona. Más tarde, el presidente Lincoln dijo que la Proclama de Emancipación era **"el acto central de mi administración y el suceso más grande del siglo XIX"**.

EL MOVIMIENTO POR LOS
DERECHOS CIVILES

★ ★

La Proclama de Emancipación no terminó por completo con la esclavitud en EE. UU., aunque liberó a todas las personas esclavizadas en los Estados Confederados. Esto sucedió más tarde, cuando se aprobó la Decimotercera Enmienda, en diciembre de 1865. Sin embargo, incluso después de esto, se continuó tratando injustamente a los afroamericanos. En el Sur se aprobaron leyes que permitían la **segregación**, es decir, que hubiera espacios separados para estadounidenses blancos y negros. Los negros y los blancos no podían asistir a las mismas escuelas ni beber de la misma fuente ni sentarse en la misma sección de un autobús. En algunos estados se crearon normas para evitar que los afroamericanos ejercieran su derecho al voto.

El Movimiento por los Derechos Civiles de las décadas de 1950 y 1960 luchó para poner fin a la segregación y otorgar a los ciudadanos afroamericanos los mismos derechos de los ciudadanos estadounidenses blancos.

ESTAMOS EN CONTRA DE LA SEGREGACIÓN

ESCUELA

SOLO BLANCOS

EDUQUE, NO SEGREGUE

★ MARTIN LUTHER KING, JR. ★

Martin Luther King, Jr., fue un pastor y **activista por los derechos civiles**. Sus enseñanzas y las protestas pacíficas que organizó ayudaron a los afroamericanos a obtener importantes derechos. La Ley del Derecho al Voto de 1965 prohibió reglas que impidieran que los ciudadanos negros votaran.

★ BLACK LIVES MATTER ★

Aunque se ha avanzado mucho, los afroamericanos todavía enfrentan discriminación y, a veces, violencia. Black Lives Matter (Las vidas negras importan), o **BLM**, es una organización fundada en 2013 por Alicia Garza, Patrisse Cullors y Opal Tometi. Su propósito es ayudar a los negros a prosperar. BLM condena la violencia contra los negros y también reconoce las contribuciones que los negros han hecho a nuestro país.

LA INMIGRACIÓN

★ ★ ★ ★ ★ ★ ★ ★ ★ ★ ★ ★ ★ ★ ★ ★ ★ ★

El 1 de enero de 1892, se abrió un centro de inmigración en la isla Ellis, ubicada en el río Hudson, entre Nueva York y Nueva Jersey. Los primeros inmigrantes que entraron al país por la isla Ellis fueron una adolescente, Annie Moore, y sus dos hermanos menores. Venían de Irlanda. Fueron solo algunos de los más de 12 millones de inmigrantes que viajaron a EE. UU. y pasaron por la isla Ellis.

A los inmigrantes con más dinero a menudo se les permitía entrar a EE. UU. a menos que estuvieran enfermos o tuvieran cargos criminales pendientes. Los inmigrantes con menos dinero eran enviados a la isla Ellis para hacerles una inspección.

Hacia 1890, la inmigración era adminstrada por los estados, pero a medida que llegaban más inmigrantes, se necesitaba un proceso diferente. Muchos inmigrantes llegaron a EE. UU. huyendo de una guerra, para obtener libertad y encontrar oportunidades. Desafortunadamente, no siempre los trataban bien. Su vida aquí era a veces más difícil de lo que esperaban.

AL 98 POR CIENTO DE LOS INMIGRANTES QUE LLEGARON A LA ISLA ELLIS SE LES PERMITIÓ ENTRAR AL PAÍS.

¡HOLA!

KONNICHIWA!

RESTRICCIONES A LA INMIGRACIÓN

A veces, EE. UU. pone límites a la inmigración. Por ejemplo, en 1882, el Congreso aprobó la Ley de Exclusión China, que detuvo la entrada de la mayoría de los inmigrantes chinos durante casi cien años. También restringió los derechos de los chinos que ya vivían aquí. **EE. UU. más tarde puso límites a muchos otros países.**

LOS INMIGRANTES DE HOY

La mayoría de los ciudadanos estadounidenses de hoy son **inmigrantes** o descendientes de inmigrantes. Mucha gente sigue viniendo a EE. UU. con la esperanza de tener una mejor vida y convertirse en ciudadanos estadounidenses.

LAS PERSONAS QUE SE CONVIERTEN EN CIUDADANOS ESTADOUNIDENSES PARTICIPAN EN UNA CEREMONIA DE NATURALIZACIÓN.

♀ LOS DERECHOS
DE LAS MUJERES Y LOS NIÑOS

★ ★

La Convención de Seneca Falls se llevó a cabo en julio de 1848. Una de sus organizadoras fue Elizabeth Cady Stanton, quien dijo que el propósito de la convención era "...declarar nuestro derecho a ser libre como el hombre es libre...". Ella quería que las mujeres tuvieran representación en el gobierno, recibieran los mismos salarios que los hombres, pudieran ser propietarias y pudieran obtener la custodia de sus hijos. Es decir, las mujeres querían los mismos derechos que tenían los hombres.

Mujeres negras, como Sojourner Truth, también formaban parte del movimiento por los derechos de la mujer. Ella dio un discurso llamado *"Ain't I A Woman?"* (¿Acaso no soy una mujer?) en la Convención de los Derechos de la Mujer, en 1851. Se centró en la discriminación que enfrentaba debido tanto a su género como a su raza. La Convención de Seneca Falls inició el movimiento por el sufragio femenino. Las mujeres protestaron por el derecho al **voto**, y finalmente obtuvieron este derecho en 1920 con la aprobación de la Decimonovena Enmienda, aunque a muchas mujeres negras todavía se les impedía votar. Luego se aprobó la Ley de Igualdad Salarial, en 1963, que estipuló que a las mujeres se les debía pagar lo mismo que a los hombres por hacer trabajos similares.

LOS DERECHOS DE ★ LOS NIÑOS ★

Los niños no siempre recibieron la protección que se les prometía como ciudadanos. Durante años, muchos niños se vieron obligados a trabajar en condiciones peligrosas por un sueldo bajo.

La primera ley laboral infantil fue aprobada en Massachusetts en 1836. Estipulaba que los menores de 15 años que trabajaban en fábricas debían asistir a la escuela por lo menos tres meses del año. No fue hasta 1938 que el gobierno federal aprobó la Ley de Normas Justas de Trabajo. Según esta ley, los niños que trabajaban debían ganar al menos 25 centavos por hora y no podrían trabajar más de 44 horas a la semana. Además, tenían que tener al menos 16 años para trabajar en ciertas industrias.

HABÍA NIÑOS QUE HACÍAN TRABAJOS DIFÍCILES A UNA EDAD TEMPRANA. HOY EN DÍA, LA LEY PROHÍBE QUE LOS NIÑOS MENORES DE 14 TRABAJEN, EXCEPTO PARA CUIDAR NIÑOS, REPARTIR PERIÓDICOS, ACTUAR, TRABAJAR EN UNA GRANJA O AYUDAR EN EL NEGOCIO DE LOS PADRES.

LEYES ESTATALES
Y FEDERALES

★ ★ ★ ★ ★ ★ ★ ★ ★ ★ ★ ★ ★ ★ ★ ★ ★

Estados Unidos tiene leyes estatales y federales. Las leyes estatales son creadas por los gobiernos estatales y sólo aplican a quienes viven en ese estado en particular. Las leyes federales son creadas por el gobierno nacional y aplican a toda persona que vive en el país. Cuando hay discrepancias entre las leyes estatales y las federales, las leyes federales tienen prioridad sobre las leyes estatales.

El 25 de junio de 2022, el presidente Biden firmó una ley federal sobre el control de armas. Esta ley fue creada y votada por el Congreso. La Carta de Derechos garantiza a los ciudadanos el derecho a poseer armas, pero el gobierno federal vio la necesidad de crear leyes de control de armas más estrictas para mantener a los ciudadanos seguros. Cada estado tiene sus propias leyes sobre quién puede poseer armas y cómo se pueden comprar armas, pero esta ley federal es para todo el país.

LEYES EN TODA LA NACIÓN

En diferentes estados existen diferentes opiniones respecto a muchas cuestiones importantes. También hay desacuerdo sobre cuánto control debería tener el gobierno federal sobre muchos de estos temas. Por ejemplo, algunas personas creen que se pasaron de la raya con la reciente ley de control de armas, y que esta restringe los derechos que les otorga la Segunda Enmienda. Otros opinan que la ley debería ser más estricta en cuanto a límites a la posesión de armas para garantizar la seguridad pública.

LEYES ESTATALES ★ SORPRENDENTES ★

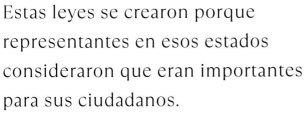

Algunos estados han creado leyes que podrían sorprenderte. Por ejemplo:

- las vallas publicitarias no están permitidas en la mayor parte de Hawái
- la adivinación es ilegal en Maryland
- y la mayoría de las puertas de los lugares públicos deben abrir hacia afuera en Washington.

Estas leyes se crearon porque representantes en esos estados consideraron que eran importantes para sus ciudadanos.

¿QUIÉN PUEDE CAMBIAR LOS
DERECHOS?

★ ★ ★ ★ ★ ★ ★ ★ ★ ★ ★ ★ ★ ★ ★ ★ ★ ★ ★

Cuando se adoptó, en 1787, la Constitución incluía reglas sobre cómo se administraría el gobierno de EE. UU. Describía la manera como los líderes estadounidenses podían cambiar las leyes. Estos líderes incluyen al presidente así como a otros representantes.

El presidente y los otros representantes son elegidos por los ciudadanos. Estos líderes crean y hacen cumplir leyes destinadas a proteger a los ciudadanos. Muchas leyes federales las crea el Congreso. El Congreso incluye la Cámara de Representantes y el Senado. Ambos cuerpos del Congreso tienen representantes de cada estado. El número de representantes que cada estado tiene en la Cámara de Representantes se basa en la población, o la cantidad de personas que viven en cada estado. Cada estado tiene dos representantes en el Senado, llamados senadores.

★ LA CORTE SUPREMA ★

La Corte Suprema también toma parte en la creación de las leyes. La Corte Suprema está compuesta actualmente de nueve magistrados, que son nombrados por el presidente y trabajan en la Corte de por vida.

LAS RAMAS DEL GOBIERNO Y LAS LEYES

Los ciudadanos: votan para elegir al Congreso y al presidente

El presidente: firma o veta las leyes

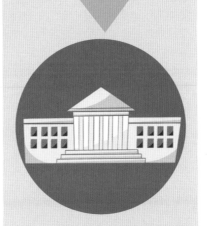

La Corte Suprema: evalúa las leyes

El Congreso (la Cámara de Representantes y el Senado): crea las leyes

DERECHOS LGBTI

La comunidad LGBTI ha luchado por muchos derechos a lo largo del tiempo. En 2003, la Corte Suprema dictaminó que los estados no podían criminalizar las relaciones homosexuales. En 2015, decidió que los estados no pueden impedir el matrimonio entre personas del mismo sexo.

MODIFICAR LOS
DERECHOS DE LOS CIUDADANOS

★ ★ ★ ★ ★ ★ ★ ★ ★ ★ ★ ★ ★ ★ ★ ★ ★ ★ ★

El 15 de diciembre de 1791, la Carta de Derechos se convirtió en las primeras diez enmiendas a la Constitución. Desde entonces, se han añadido 17 enmiendas más. Estas enmiendas cambian los derechos y las responsabilidades de los ciudadanos estadounidenses. La enmienda más reciente fue aprobada el 7 de mayo de 1992. Tiene que ver con el salario que se les paga a los miembros del Congreso.

Las enmiendas agregadas a la Constitución pueden tener un efecto profundo en la vida de los ciudadanos estadounidenses. Por ejemplo, la Primera Enmienda garantizó el derecho a la libertad de expresión, la libertad de religión y otras libertades. En algunos países, se puede encarcelar o asesinar a la gente por criticar a sus líderes o practicar la religión que ha elegido.

Otras enmiendas garantizan derechos y responsabilidades para ciudadanos que históricamente fueron excluidos. Por ejemplo, la Decimoquinta Enmienda otorgó a los hombres de todas las razas el derecho al voto. La Decimonovena Enmienda otorgó a las mujeres el derecho al voto. La Vigésima Sexta Enmienda otorgó a los ciudadanos mayores de 18 años el derecho al voto. El derecho al voto es importante porque brinda a los ciudadanos la oportunidad de determinar el futuro de su gobierno.

DECISIONES DE LA ★ CORTE SUPREMA ★

EL CONGRESO DEBATE MUCHOS TEMAS IMPORTANTES PARA DECIDIR CUÁNDO SE NECESITAN NUEVAS LEYES.

Si bien la mayoría de las leyes son creadas por el Congreso, la Corte Suprema puede influenciar algunas de ellas. El trabajo de la Corte Suprema es decidir qué es y qué no es constitucional. **La Corte Suprema ha tomado muchas decisiones importantes.**

Un ejemplo es el caso de Brown contra la Junta de Educación. El fallo de la Corte Suprema en este caso declaró ilegal la segregación de personas por motivos de raza, lo que significaba que ya no podía haber escuelas separadas para niños blancos y negros.

¿POR QUÉ ES IMPORTANTE VOTAR?

¿Puedes votar en las próximas elecciones? ¡Aún no! Pero una vez que tengas la edad suficiente, es importante votar en las elecciones federales, estatales y locales. El voto te da la oportunidad de ayudar a elegir cómo funcionará el gobierno.

Hay muchos problemas en el mundo.

Por ejemplo, alguien podría querer un representante que reduzca los impuestos. Otra persona podría querer un representante que cree planes para luchar contra el cambio climático. A veces es imposible encontrar un candidato con el que estés de acuerdo en todo. Las personas deben enfocarse en los temas que más les importan a la hora de decidir por quién votar.

CADA VOTO AYUDA A DECIDIR QUIÉN LIDERARÁ EL GOBIERNO Y CÓMO FUNCIONARÁ.

ELECCIONES ESTATALES ★ Y LOCALES ★

Las elecciones presidenciales reciben mucha atención. Sin embargo, el voto en las elecciones estatales y locales a menudo tiene un **mayor impacto** en la vida cotidiana de los ciudadanos. En estas elecciones suele votar menos gente, y los efectos son más evidentes. Un estudio realizado en la Universidad Estatal de Portland encontró que menos del 15 por ciento de las personas elegibles para votar lo hicieron en las elecciones locales. La votación por los representantes y senadores de tu estado ayuda a determinar quiénes te representan en el Congreso. La votación por cuestiones locales, como la financiación escolar, determina si las escuelas de tu vecindario obtienen el dinero que necesitan para hacer mejoras. Las elecciones locales afectan directamente a las personas de tu comunidad.

SER UN BUEN CIUDADANO

Hay muchas maneras de ser un buen ciudadano. Por ejemplo, ser amable con los demás y cuidar de los lugares que te rodean. Los buenos ciudadanos tienen el valor de defender lo que creen que es correcto, y son abiertos y respetuosos frente a las opiniones y necesidades de otras personas.

A lo largo de la historia, las personas han luchado para mejorar la vida de todos en EE. UU. **Han luchado por la independencia y la igualdad de derechos.** Han colaborado para tomar decisiones difíciles y asegurarse de que se escuchen todas las voces.

DE ESO
SE TRATA
EL CIVISMO.

★ MANTENERSE ★ INFORMADO

Parte de ser un **buen ciudadano** es mantenerse informado. Cuando conoces la historia de tu país puedes comprender mejor los acontecimientos de la actualidad. Cuando conoces las experiencias y perspectivas de diferentes personas puedes pensar en las cosas con mayor profundidad. Todo esto puede ayudarte a formarte tus propias opiniones basadas en hechos.

★ DERECHOS Y ★ RESPONSABILIDADES

Los ciudadanos de EE. UU. disfrutan de derechos que no se disfrutan en todo el mundo. No todos los países pueden votar por sus líderes. No todos los niños pueden ir a la escuela. Como ciudadano, es importante apreciar los derechos que tienes y aprovecharlos al máximo. También es importante proteger estos derechos, tanto para ti como para los demás. Como ciudadano, puedes sentirte orgulloso de tus responsabilidades y de los derechos que las acompañan.

GLOSARIO

abolir
detener algo o ponerle fin

activista
una persona que trabaja para lograr un cambio

candidato
una persona que se postula para un cargo gubernamental

ciudadano
un miembro de un país

colonizar
apoderarse de un terreno

Congreso
la institución que aprueba leyes en EE. UU., formada por el Senado y la Cámara de Representantes

constitución
un escrito que expone las leyes de un país

delegado
alguien elegido para representar a otros en una reunión, como en una convención

democracia
una forma de gobierno dirigida por el pueblo de un país

derecho
la libertad o el poder para hacer algo

derechos civiles
derechos que garantizan el trato y la protección igualitarios según la ley, como el derecho al voto

emancipación
obtener libertad política o derechos

enmienda
un cambio a una ley

federal
el nombre que se da al gobierno nacional de EE. UU., o a cualquier gobierno con poderes compartidos entre los estados y un gobierno nacional

impuesto
dinero que se paga al gobierno para ser utilizado en servicios públicos

independencia
capacidad de tener el control de uno mismo

indígenas
los primeros habitantes de un área en particular

inmigrante
una persona que llega a otro país a vivir

LGBTI
abreviatura que incluye las letras iniciales de lesbianas, gays, bisexuales, transexuales e intersexuales, que se utilizan para describir la orientación sexual o la identidad de género de una persona

magistrado
un miembro de la Corte Suprema

naturalización
el proceso para convertirse en ciudadano estadounidense

papeleta de voto en ausencia
voto que no se emite en persona, como el que se envía por correo

persona esclavizada
alguien a quien obligan a trabajar sin pago y es tratado como una propiedad, sin los derechos que tienen otras personas

representante
una persona que es elegida para tomar decisiones por otros

responsabilidad
un trabajo o algo que debe hacerse

segregación
la separación de personas basada en la raza u otra característica

votar
elegir un líder o representante

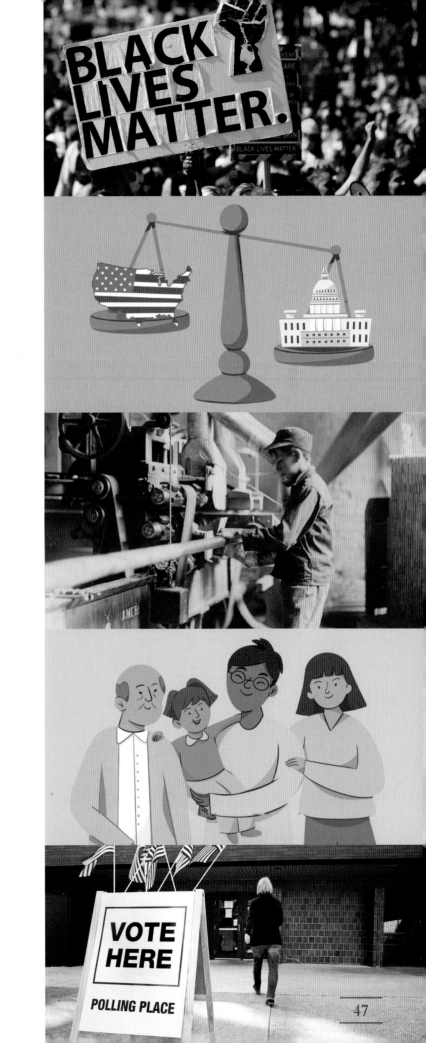

ÍNDICE